W0109887

Niko Fux

Mit der Jägerin unterwegs

Gibt es denn hier Stinktiere?

NEUMANN-NEUDAMM

Inhaltsverzeichnis

Ausflug in den Wald

An einem sonnigen Morgen macht sich die Klasse 3a der Rehtaler Grundschule gemeinsam mit ihrer Sachkundelehrerin Frau Haselmann auf den Weg in den Wald.

Die kleinen Rucksäcke geschultert, marschiert der Trupp los, um ein wenig die Natur zu erkunden.

Wiebke und Barbara freuen sich schon lange auf den Ausflug, denn sie sind gerne an der frischen Luft. Kichernd und gut gelaunt hüpfen sie nebeneinanderher.

Ole hat sich extra heute Morgen von seiner Mama die Brille putzen lassen, damit ihm auch nichts entgeht. Und er hat mit Jan verabredet, einen großen Rucksack mitzunehmen, damit sie Stöcke, Steine und andere Schätze, die sie finden, einpacken können.

Was brauche ich für einen Ausflug in den Wald?

Wetterfeste Kleidung:

Auch Regen gehört zum Waldleben dazu. Damit der Spaß aber dennoch erhalten bleibt, ist es wichtig, wetterfeste Kleidung und passendes Schuhwerk zu wählen. Gummistiefel sind von Vorteil.

Zum Schutz vor Dornen und Zecken ist es ratsam, eine lange Hose zu tragen.

Frische Luft und Bewegung machen hungrig und durstig, deshalb sollte jeder etwas zu essen und zu trinken dabeihaben.

Notfallnummern:

Telefonliste
der Eltern

Giftzentrale in
Deutschland
Ortsvorwahl
+ 19240

Ein Handy sollte für den Notfall mitgenommen werden.

Erste-Hilfe-Tasche:

Kleine Verletzungen sind selbst bei größter Vorsicht möglich. Deshalb sollten Desinfektionsmittel, Pflaster, Schere, Pinzette und sterile Tupfer immer im Rucksack sein.

Desinfektionstücher helfen dort, wo Wasser und Seife nicht zur Verfügung stehen. Es sollte darauf geachtet werden, dass die Hände vor dem Essen gründlich gereinigt werden, um z. B. der Ansteckungsgefahr mit dem Fuchsbandwurm vorzubeugen.

Lupen oder Lupenbecher eignen sich, um die kleinen Bewohner des Waldes einmal genauer zu betrachten.

Zum Sammeln von Fundstücken und Schätzen sollten kleine Dosen, Papiertüten oder ähnliches mitgenommen werden.

Welcher Baum ist das?

Nach einer halben Stunde erreicht die Klasse den Wald. Herrlich ist es hier! Es gibt so viel zu entdecken. Die Kinder genießen die warmen Sonnenstrahlen, lauschen dem Surren und Summen der Insekten und atmen die nach Moos und Erde duftende Luft.

Immer wieder finden sie etwas entlang des Weges und bringen es zu Frau Haselmann. Wiebke hat einen Fichtenzapfen gefunden und zeigt ihn der Lehrerin.

„Wie heißt dieser Baum?", fragt Ole.

„Wie alt können Bäume werden?", möchte Thomas wissen.

Fragen über Fragen, die Frau Haselmann in ihrer freundlichen Art beantwortet. Sie ruft die Kinder zu Oles Baum heran. „Das ist eine Eiche, schaut euch ihre Blätter an, die Wellenform könnt ihr leicht erkennen", beantwortet sie Oles Frage. Dann erklärt sie Thomas, dass Bäume sehr alt werden können, teilweise mehrere Hundert Jahre.

Zusammen schauen sie sich weitere Bäume an, ertasten die Unterschiede der Rinde und lernen die Gerüche der verschiedenen Blätter kennen.

„Zerreibt doch einmal die Nadeln der Fichte zwischen euren Fingern und riecht daran", fordert Frau Haselmann die Klasse auf. „Riecht ihr, wie frisch und würzig es duftet?" Die Kinder schnuppern und nicken dann beeindruckt.

Frau Haselmann hat auch unterschiedliche Samen mitgebracht und es wird ziemlich knifflig, diese den richtigen Bäumen zuzuordnen.

Die rotbraune Kastanie erkennen die Kinder leicht, denn damit haben sie schon einmal Figuren gebaut. Auch die Eichel mit ihrem Hut ist schnell bestimmt, aber bei der kleinen Buchecker müssen sie länger rätseln.

Bäume des Waldes

Bäume sind für uns Menschen sehr wichtig. Sie produzieren Sauerstoff, speichern Wasser und liefern Bau- und Heizmaterial. Außerdem ist der Wald ein Ort der Erholung.

In unseren Wäldern unterscheiden wir die Bäume in zwei Gruppen: Laubbäume und Nadelbäume. Beide haben Blätter, allerdings sind die der Nadelbäume ganz schmal und hart und ähneln, wie der Name schon sagt, Nadeln.

Laubbäume machen im Winter eine Ruhepause. Sie senken ihren Stoffwechsel, wodurch die Blätter nicht mehr versorgt werden und abfallen. Das ist auch notwendig, denn über diese wird viel Flüssigkeit an die Luft abgegeben. Wenn die Temperaturen unter den Gefrierpunkt sinken, können die Bäume das Wasser nicht mehr transportieren, in den Blättern würde es gefrieren.

Auch die Nadelbäume verlieren ihre Nadeln, allerdings das ganze Jahr über und nicht alle gleichzeitig im Herbst. Deshalb sind sie auch im Winter grün. Da die Nadeln eine viel kleinere Oberfläche haben, kann nicht so viel Wasser verdunsten.

Eine Ausnahme ist die Lärche. Sie wirft im Herbst ihre Nadeln ab wie die Laubbäume ihre Blätter. Dadurch kann sie auch in hohen Lagen mit sehr strengen Wintern überleben.

Laubbäume:

Zu den bekannten Laubbäumen in unseren Wäldern gehören die Buche, die Eiche, die Birke, der Ahorn und die Kastanie. Laubbäume können sehr alt werden. Es gibt Exemplare, die über 800 Jahre alt sind.

Birke

Stamm: Weiß-dunkle Rinde.
Blätter: Doppelt gesägt, dreieckig.
Samen: Hängende „Kätzchen", in denen sich die Flugsamen befinden.

Ahorn

Stamm: Enge Längsrisse in der Rinde.
Blätter: Grobgezahnte Blätter.
Samen: Flugsamen, der aussieht und fliegt wie ein kleiner Hubschrauber.

Kastanie

Stamm: Gefurcht und eichenähnlich.
Blätter: Große, fingerförmige Blätter.
Samen: Stachelige grüne Fruchthüllen mit glänzend rötlich-braunen Samen (Kastanien).

Eiche

Stamm: Wuchtiger Stamm mit ausladender Krone.
Blätter: Tiefgebuchtete Blätter.
Samen: Ovale Früchte (Eicheln) mit kleinem Hütchen und langem Stiel.

Buche

Stamm: Silbergraue, glatte Rinde.
Blätter: Oval und leicht gewellt.
Samen: Dreieckige kleine Samen (Bucheckern).

Nadelbäume:

Fichte, Kiefer, Lärche und Tanne sind die bekanntesten Nadelbäume in unseren Wäldern. Sie können bis zu 60 m hoch werden.

Kiefer

Stamm: Rotbraune, rissige Rinde.
Nadeln: Lang, wachsen immer zu zweit.
Samen: Eiförmige Zapfen.

Fichte

Stamm: Schuppige, rotbraune Rinde.
Nadeln: Rund um den Zweig angeordnet, kurz und spitz.
Samen: Fichtenzapfen hängen an den Zweigen und fallen im Ganzen zu Boden.

Lärche

Stamm: Graubrauner Stamm mit dünnen hängenden Ästen.

Nadeln: Wachsen in Büscheln.

Samen: Kleine, rundliche Zapfen.

Tanne

Stamm: Gerader, säulenförmiger Stamm.

Nadeln: Stehen dicht zusammen und sind dunkelgrün, stechen nicht.

Samen: Tannenzapfen stehen aufrecht auf den Zweigen. Sie öffnen sich am Ast und lassen Samen fallen, aber keine ganzen Zapfen.

ZECKEN!

Aufgepasst!

Der Wanderweg führt die Gruppe schließlich an einer Waldwiese entlang. Viele Blumen wachsen dort.

Barbara hält es nun nicht mehr, sie verlässt den Weg und hockt sich ins Gras, um einen Strauß Blumen zu pflücken.

Frau Haselmann ruft sie energisch zurück.

„Ach man, warum denn nicht?", mault Barbara und macht sich missmutig auf den Weg zu den anderen.

„Der Wald ist nicht nur wunderschön, er birgt auch Gefahren", mahnt Frau Haselmann mit ernster Miene. „Im hohen Gras können Zecken sein, die beißen und dadurch möglicherweise Krankheiten übertragen. Und nicht jede Blume eignet sich zum Pflücken, manche sind giftig! Außerdem gibt es Arten, die geschützt sind und die man deswegen nicht so einfach pflücken darf."

„Oh!", entfährt es Barbara. Das hat sie nicht gewusst.

Gefahren des Waldes

Der Wald ist nicht nur ein Ort der Erholung, er birgt auch Gefahren, daher ist es ratsam, immer auf den ausgeschilderten Wegen zu bleiben.

Fuchsbandwurm

Der Fuchsbandwurm ist eine Unterart der Bandwürmer. Der Mensch kann sich unbewusst damit infizieren, wenn er zum Beispiel Beeren oder Pilze isst, ohne sie vorher ausreichend zu waschen oder zu erhitzen. Auch das Händewaschen vor dem Essen nach dem Kontakt mit Gras, Erde etc. ist eine wichtige Vorsorge. Die Erkrankung mit dem Fuchsbandwurm ist schwerwiegend und kann tödlich enden.

Zecken

Die Zecke ist ein Spinnentier. Zu erkennen ist das an ihren acht Beinen. Sie ist ein Parasit, d.h. sie braucht andere Lebewesen, von deren Blut sie sich ernährt, so wie die Mücken auch. Sie befindet sich vorzugsweise am Boden, im hohen Gras oder im Gebüsch und Unterholz. Durch ihren Biss kann sie ernste Erkrankungen wie FSME (Frühsommer-Meningoenzephalitis, eine Virusinfektion) oder Borreliose (eine entzündliche Erkrankung) übertragen.

Gefährdung durch Insekten

Insektenstiche, z.B. durch Wespen, Hornissen, Bienen, Mücken oder Bremsen, können allergische Reaktionen hervorrufen. Deshalb ist vor dem Waldausflug unbedingt zu klären, ob eine Allergie bekannt ist.

Hornisse

Mücke

Giftige Pilze und Pflanzen

Vorsicht beim Sammeln und Essen von Beeren und Pilzen. Nicht alle sind essbar und manche sind sehr giftig, z.B. der Fliegenpilz oder der Knollenblätterpilz, aber auch die Beeren der Eibe.

Weißer Knollenblätterpilz

Tollwut
(in Deutschland nahezu ausgerottet)

Scheinbar kranke oder zahme Wildtiere sowie Kadaver nicht anfassen! Sonst kann der Virus eines erkrankten Tieres auf Menschen oder Haustiere übertragen werden.

Bache mit Frischlingen

Eine Wildschweinmutter, die sogenannte Bache, reagiert angriffslustig, wenn sie eine Bedrohung für ihre Jungen, die Frischlinge, vermutet. Das kann für uns Menschen gefährlich werden. Wildschweine sind starke Tiere und können uns mit ihren scharfen Zähnen, die sie wie Waffen einsetzen, tiefe Wunden zufügen. Ein ausgewachsenes Wildschwein erreicht oft deutlich mehr als 80 Kilogramm Körpergewicht.

Verirren

Beim Verlassen der Wege ist es leicht möglich, dass man die Orientierung verliert und sich verläuft.

Gewitter

Bei einem Gewitter kann im Wald jederzeit ein Blitz in einen Baum einschlagen oder es können Äste durch Windböen abgebrochen werden. Starker Wind ist sogar in der Lage, ganze Bäume zu entwurzeln.

Gefahren durch Forst- und Jagdbetrieb

Absperrungen, z.B. bei Fällarbeiten oder aufgrund von Jagden, müssen immer beachtet werden, ansonsten bestehen Gefahren durch fallende Äste oder Bäume bzw. Schüsse oder flüchtende Tiere.

Hochsitze und andere jagdliche Einrichtungen dürfen nicht betreten werden, da es durch Abrutschen oder ähnliches immer zu Unfällen kommen kann.

Am Wegrand aufgestapelte Holzstämme, Holzpolter genannt, sind nicht zum Klettern geeignet. Sie können ins Rollen geraten (und den Kletterer unter sich begraben).

Es besteht außerdem die Möglichkeit, dass die Holzpolter mit Gift besprüht worden sind. Damit soll die Ausbreitung des Borkenkäfers vermieden werden.

Der Wald als Nutzfläche

Am Wegrand sehen die Kinder lange Reihen von ordentlich gestapelten Holzstämmen.

„Was macht man mit dem Holz?", erkundigt sich Jan.

„Dieses Holz liegt zum Abholen bereit", erklärt Frau Haselmann. „Die Menschen haben den Wald schon lange als Holzlieferanten genutzt. So wie ein Landwirt seine Felder bestellt, so bearbeitet der Forstwirt den Wald. Es wird gesät, gepflanzt und auch geerntet. Hat jemand eine Idee, wofür wir das Holz aus dem Wald nutzen?" Frau Haselmann schaut fragend in die Runde.

Lotte meldet sich. „Es werden Möbel aus Holz gemacht, Tische und Stühle und so."

Frau Haselmann nickt zustimmend. „Fällt euch noch etwas ein?", fragt sie.

„Ja, auch für den Kamin, damit wir es warm haben im Winter", weiß Barbara.

„Sehr schön", lobt Frau Haselmann und erklärt dann, dass auch Papier aus Holz gemacht wird.

Waldnutzung

Der Mensch ist aus vielen Gründen auf den Wald angewiesen:

Holz

Wichtiges Brenn- und Baumaterial. Möbel, Papier und viele andere Dinge des Alltags werden daraus gefertigt.

Boden-, Lärm- und Windschutz

Durch ihre Wurzeln halten Bäume das Erdreich fest, so kann es nicht zu Erdrutschen kommen, die es z.B. nach starkem Regen geben kann. Bewaldete Gebiete sind zu 80% durch das Wurzelgeflecht geschützt. Auch die Kraft des Windes wird an den vielen Stämmen gebrochen und der Schall verliert sich im Wald.

Luftreiniger

Der Wald filtert die Luft und säubert sie. Staub und andere Schmutzpartikel bleiben auf den vielen Blätter haften, wenn sie mit dem Wind durch den Wald getrieben werden. Der Regen wäscht die Blätter dann wieder rein und der Schmutz fällt zu Boden.

Tagsüber wandeln die Bäume Kohlenstoffdioxid in Sauerstoff um und gewinnen damit Energie, die sie zum Wachsen benötigen. Diesen Sauerstoff atmen wiederum alle Lebewesen an Land ein.

Wasserspeicher/Wasserfilter

Moos, Sträucher, Bäume und der Waldboden speichern Wasser und filtern es. Nach und nach geben sie es dann wieder an ihre Umgebung ab.

Nahrung

Der Wald bietet nicht nur Tieren Nahrung. Kräuter, Pilze und Beeren werden auch von uns Menschen verzehrt, genauso wie Wildfleisch.

Steinpilze und Rosmarin

Arbeitsplätze

Beispielsweise Förster und Waldarbeiter.

Ort der Erholung

Durch die sauerstoffhaltige Luft und die Ruhe im Wald wirkt er erholsam auf uns.

Eine plötzliche Begegnung

Auf einmal scheinen Ole, Wiebke und Barbara etwas Interessantes entdeckt zu haben. Neugierig stecken sie ihre Köpfe in ein Gebüsch. Da war doch ein Geräusch!!!

„Hey, was ist denn das?", staunt Ole.

Da! Wie ein geölter Blitz springt ein Tier aus dem Unterholz und saust über den Weg in den Wald hinein.

Nun ist die Aufregung groß! Alles ruft durcheinander. Was war das?

Ein schwarz-weißes Tier! Ja, das kann ja nur – und da sind sich alle Kinder schnell einig – ein Stinktier gewesen sein! Schließlich kennen sie dieses Tier aus der Geschichte von Bambi.

„Stimmt doch, oder?" Fragende Kinderaugen blicken zu Frau Haselmann.

„Das ging zu schnell, ich habe gar nichts erkennen können", entschuldigt sich Frau Haselmann, dass sie die Frage der Kinder nicht beantworten kann. Aber das ist auch gar nicht nötig. Die Kinder sind sich einig, dass dieses Tier fast wie Bambis Freundin Blume ausgesehen hat. Bestimmt war es ein Stinktier!

Die Jägerin

Tief beeindruckt von diesem Erlebnis wandert die Gruppe weiter.

Nach einer Weile kommt ihnen auf dem Waldweg eine Frau entgegen. Sie ist ganz in Grün gekleidet und trägt einen Hut. Um ihren Hals hängt ein Fernglas und über ihrer Schulter ein Gewehr. Ein kleiner, weißer Hund begleitet sie.

„Hallo", grüßt die Frau in Grün freundlich. Auch der kleine Hund scheint sich über die Waldbesucher zu freuen, er wedelt mit dem Schwänzchen und schaut die Gruppe neugierig an.

„Oh, wie niedlich, darf ich den streicheln?" Wiebke ist entzückt.

„Ja, das darfst du, Hummel lässt sich gerne streicheln", antwortet die Frau freundlich.

Das lässt sich Wiebke nicht zweimal sagen. Zusammen mit Jan und Barbara kniet sie sich hin und krault Hummel.

„Kinder, das ist Frau Pirschner", stellt Frau Haselmann die Frau vor. „Wir kennen uns schon viele Jahre. Sie ist zuständig für dieses Waldstück."

„Bist du Försterin?", fragt Michael.

„Nein, ich bin keine Försterin, ich bin Jägerin", beantwortet Frau Pirschner die Frage. „Der Förster betreut hauptsächlich den Wald und der Jäger die Tiere. Oft ist aber der Förster auch gleichzeitig ein Jäger oder beide arbeiten eng zusammen", erklärt sie.

Jäger und Förster

Jäger:

Kleidung

Ist meist der Farbe des Waldes angepasst und aus robustem Stoff, damit sie vor den Witterungseinflüssen gut schützt. Das ist wichtig, da der Jäger oft viele Stunden bei jedem Wetter draußen in der Natur ist.

Hut

Schützt nicht nur vor der Witterung (z.B. Sonne oder Regen), sondern gehört auch zum Brauchtum.

Fernglas

Wird benötigt, um Wildtiere aus der Entfernung zu beobachten und sich ein besseres Bild von dem Tier machen zu können (jägersprachlich: „ansprechen"), ohne es zu beunruhigen oder zu stören.

Waffe

Braucht der Jäger, um ein ausgesuchtes Tier gezielt und schnell erlegen zu können, ohne ihm unnötiges Leid zuzufügen.

Messer

Trägt der Jäger bei sich, um ein erlegtes Tier auszunehmen oder um es bei den anfallenden Arbeiten im Revier einzusetzen.

Taschenlampe

Empfiehlt sich, da der Jäger auch in der Nacht draußen ist.

Handy

Ist heute ein unverzichtbarer Gegenstand, der unbedingt zur Ausrüstung gehört, um im Notfall Hilfe holen zu können.

Aufgaben

Er pflegt und betreut sein Revier und sorgt für die Tierwelt. Dies gelingt ihm durch das

Anlegen von Hecken, Wildäckern, das Einrichten von Nisthilfen, Fütterungen in Notzeiten, Wildschadenverhütung und vieles mehr.

Der Jäger verfolgt das Ziel, einen artenreichen und gesunden Wildbestand zu erhalten. Dafür bejagt er die überzähligen Tiere und liefert dadurch auch ein hochwertiges Nahrungsmittel. Raubtiere werden ebenfalls bejagt, denn auch hier gilt, dass eine zu hohe Wilddichte Krankheiten und Seuchen zur Folge hat. Außerdem bleibt so das natürliche Gleichgewicht erhalten.

Die erlegten Raubtiere, mit Ausnahme des Dachses, werden nicht gegessen. Aber ihre Felle finden Verwertung.

Der Jäger versucht, Wildschäden zu vermeiden, damit zum Beispiel die Wildschweine nicht die Ernte des Bauern vernichten. Das kann er u.a. durch das Errichten von Schutzmaßnahmen wie Zäune, Abwehr durch Geruchsstoffe oder gezielte Bejagung erreichen.

Er sucht bei Wildunfällen im Straßenverkehr nach den verletzten Tieren, um sie wenn nötig von ihrem Leiden zu erlösen.

Förster:

Der Förster kümmert sich um den Forst, so wird der Wald auch genannt. Er entscheidet, welche Bäume gefällt und welche Pflanzen angepflanzt werden. Auch ist er dafür zuständig, dass das gefällte Holz verkauft und abtransportiert wird. Zusätzlich kümmert er sich um den Wegebau im Wald und hält diese instand. Insgesamt ist er für das ökologische Gleichgewicht in seinem Gebiet zuständig und entscheidet, ob mehr gejagt werden muss, weil z.B. zu viele Rehe die Bäume anknabbern (jägersprachlich: „verbeißen").

Förster und Jäger ist also nicht dasselbe. Es gibt zwar auch Förster, die jagen, aber das ist nicht immer so. Der Förster und der Jäger arbeiten jedoch eng zusammen, um für Wald und Wild die besten Voraussetzungen zu schaffen und zu erhalten.

Warum jagen Jäger?

„Frau Pirschner", fragt Lotte, „schießt du auch Tiere?"

„Ja, das tue ich."

„Warum?", möchte Lotte weiter wissen.

„Nun, das ist so: Wir Menschen haben den Lebensraum der Tiere überall stark verändert und deshalb müssen wir nun auch dafür sorgen, dass das natürliche Gleichgewicht erhalten bleibt", beginnt sie zu erklären.

„Das bedeutet, dass der Jäger darauf achten muss, dass es in seinem Wald nur so viele Wildtiere gibt, wie dieser ernähren kann. Dann bleibt der Wald gesund und somit auch die Tiere, die darin leben.

Außerdem waren die Wälder früher viel größer und es gab große Raubtiere, die heute bei uns ausgerottet sind oder nur in sehr wenigen unserer Wälder vorkommen. Deshalb muss der Jäger diese Rolle übernehmen. Sogar im Gesetz ist das festgelegt.

Dann ist es aber auch so, dass Wildfleisch ein hochwertiges Lebensmittel ist und ich es sehr gerne esse. Schaut mal, ich habe Wildwürstchen dabei", antwortet die Jägerin und zieht eine Tüte mit würzig duftenden, fingerdicken Würstchen aus ihrem Rucksack. Sie bietet jedem Kind eine Kostprobe an. Neugierig greifen alle zu.

„Das schmeckt ja richtig gut!", stellt Michael begeistert fest.

Was gehört zur jagdlichen Praxis?

Warum schießt der Jäger Tiere?

→ Weil der Lebensraum begrenzt ist: Früher waren die Wälder viel größer. Heute gibt es nur noch wenig unberührte Natur, da wir Menschen diese überall stark verändert haben. Die Felder und Wiesen werden bewirtschaftet, ebenso der Wald.

→ Weil die natürlichen Feinde fehlen: Noch vor 100 Jahren haben Bären, Wölfe und Luchse dafür gesorgt, dass es nicht zu viele Tiere einer Art gab. Sie haben insbesondere die alten, schwachen und kranken sowie die Jungtiere erbeutet. Da es diese großen Raubtiere aber heute nur in sehr wenigen unserer Wälder gibt, muss der Jäger ihre Rolle übernehmen.

→ Weil es Aufgabe eines Jägers ist, nicht nur kranke und schwache Tiere zu erlegen, sondern auch zu verhindern, dass die Anzahl der Exemplare einer Art zu hoch wird und somit das Futter nicht ausreicht, um alle zu ernähren. Das ist gesetzlich festgehalten.

→ Weil Wildschäden verhindert werden sollen, damit zum Beispiel die Wildschweine nicht die Felder der Bauern verwüsten und es zu Ernteausfällen kommt.

→ Weil Wildfleisch ein hochwertiges Nahrungsmittel ist, das nicht nur gut schmeckt, sondern auch sehr gesund ist.

Brauchtum

Jagd ist ein wichtiger Teil unserer Kultur. Viele Bräuche haben sich bis heute gehalten.

Jägersprache

Die deutsche Jägersprache ist sehr alt, es gibt Aufzeichnungen aus dem 7. und 8. Jahrhundert. Sie ist sehr umfangreich und besitzt etwa 3000 gebräuchliche Wörter, die unter anderem Auskunft über jagdliche Gegenstände und Vorgänge sowie über Körperteile, Aufenthaltsorte und die Lebensweise des Wildes gibt. Der Jäger nennt z. B. das Geweih vom Reh Gehörn.

Bruchzeichen
⟨Markierungen aus abgebrochenen Ästen⟩

Mit diesen Markierungen verständigen sich Jäger unauffällig untereinander. Sie teilen sich so beispielsweise mit, welcher Weg genommen werden soll, wo sich der Standplatz des Jägers befindet und ähnliches. Es ist sozusagen eine Geheimsprache. Auch der Erlegerbruch ist so ein uraltes Symbol. Er steht für gerechtes Jagen. Der Erleger bekommt ihn überreicht und steckt ihn sich an den Hut.

Jagdhorn

Nicht nur zur Ehre des erlegten Wildes wird ein Signal geblasen, es dient den Jägern auch, um sich über größere Entfernungen hinweg zu verständigen. Wenn z.B. das Signal „Hahn in Ruh" auf einer Gemeinschaftsjagd zu vernehmen ist, wissen alle Jäger, dass sie ihre Waffen zu entladen haben, da die Jagd beendet ist. Es gibt noch verschiedene andere Signale und alle stellen einen wertvollen Teil des Brauchtums dar.

Strecke legen

Zum Abschluss der Jagd wird das erlegte Wild nach altem Brauch aufgereiht und die Signale zu Ehren der Tiere werden mit dem Jagdhorn geblasen. Alles Wild liegt auf der rechten Körperseite.

Gibt es denn hier Stinktiere?

Während die Kinder ihre Würstchen kauen, ermuntert sie Frau Haselmann: „Ihr könnt Frau Pirschner doch einmal von dem Tier erzählen, das ihr gesehen habt! Sie wird euch sicher sagen können, um was für eines es sich handelt."

Aufgeregt berichten Ole und Wiebke der aufmerksam zuhörenden Jägerin vom vermeintlichen Stinktier. „Es war schwarz-weiß und so groß." Ole deutet mit ausgebreiteten Armen die ungefähre Länge des Tieres an.

„Ja, und es war sehr schnell", ergänzt Wiebke. „Ich habe es nur ganz kurz sehen können."

„Es war ganz bestimmt ein Stinktier!", erklärt Michael überzeugt.

„Gibt es denn hier Stinktiere?" Frau Haselmann schaut skeptisch zur Jägerin.

„Nun", sagt Frau Pirschner lächelnd, „da habt ihr aber etwas ganz Besonderes erlebt. Aber ein Stinktier war es sicher nicht, denn die leben nicht in unseren Wäldern, sondern in Amerika. Wollt ihr mir zeigen, wo ihr das Tier gesehen habt, dann kann ich sicher herausfinden, was es war."

„Aber es ist nicht mehr da, es ist weggelaufen", wirft Michael ein.

„Das ist nicht schlimm, es wird ganz sicher Spuren hinterlassen haben und daran lässt sich erkennen, um welches Tier es sich handelt", antwortet Frau Pirschner.

Wiebke und Ole stürmen los und die ganze Klasse hinterher. Frau Pirschner und Frau Haselmann müssen sich beeilen, um Schritt halten zu können. „Hier war es!" Ole deutet auf den Busch.

„Und dort ist es hingelaufen", ergänzt Wiebke.

Frau Pirschner schaut sich kurz um und winkt dann die Kinder zu sich. „Schaut mal hier, im feuchten Boden hat euer Tier

seine Fußspuren hinter-
lassen."

Interessiert begutach-
ten die Kinder die Ab-
drücke.

Tierspuren

(jägersprachlich „Trittsiegel")

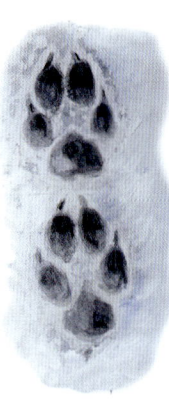

Wolf

Längliche Trittsiegel, 8–10 cm lang, deutliche Krallenabdrücke.

Luchs

Rundliche Trittsiegel, 5–7 cm lang, keine Krallenabdrücke.

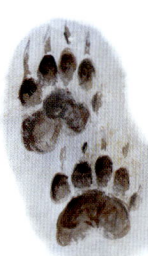

Dachs

Rechteckige Form, 4,5–7 cm lang, deutliche Krallenabdrücke.

Fuchs

Längliche Trittsiegel, 4–5 cm lang, deutliche Krallenabdrücke.

Marderhund

Längliche Trittsiegel mit deutlichen Krallenabdrücken, 4–5 cm lang.

Waschbär

Ähnlich einer Kinderhand, 4–6 cm lang.

Otter

Im Halbkreis angeordnete Zehenballen mit kurzen stumpfen Krallen, 6–7 cm lang.

Baummarder

Verwischt aussehende Trittsiegel, 3,5–4 cm lang mit kurzen Krallen.

Iltis

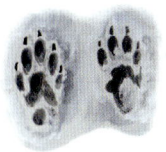

Gleicht der Spur vom Marder, nur kleiner, 2,5–3,5 cm lang.

Damwild

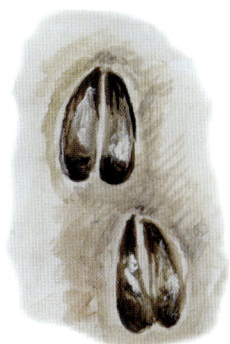

Wie Rotwild, nur etwas kleiner, 5–7 cm lang und 4–5 cm breit.

Hermelin und Mauswiesel

Gleichen der Spur vom Marder, nur viel kleiner.

Hermelin: 1,5–2 cm lang.

Mauswiesel: 1–1,5 cm lang.

Sikawild

Längliche Abdrücke der Schalen 6–8 cm lang und 3–5 cm breit.

Rehwild

Trittsiegel ist länglich-herzförmig, ca. 4 cm lang und 3 cm breit.

Rotwild

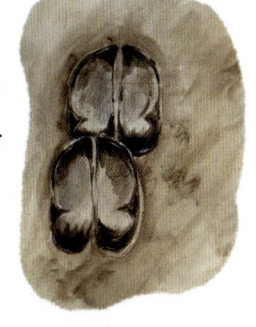

Ovale Abdrücke der Klauen (jägersprachlich „Schalen") 7–8 cm lang und 5–6 cm breit.

Wildschweine (Schwarzwild)

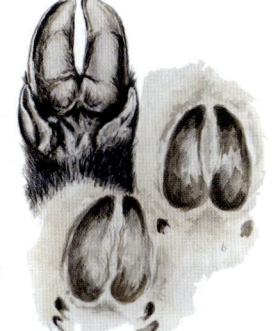

7–9 cm lang und 5–8 cm breit, die Abdrücke der Afterklauen sind als Punkte zu erkennen.

Diese Tierspuren und vieles mehr findet ihr in diesem Buch:

**Fischer/ Schumann
Fährten, Spuren und Geläufe**

„Ihr habt wirklich eine ganz besondere Entdeckung gemacht, denn ihr habt ein sehr scheues und eher nachtaktives Tier zu Gesicht bekommen! Einen Dachs!" Frau Pirschner schaut in die staunenden Gesichter.

„Stinkt der auch?", fragt Michael.

„Was frisst der denn?", interessiert sich Lotte.

„Wohnt der in dem Busch?", möchte Jan wissen, während er die Zweige auseinanderschiebt, um einen Blick ins Innere zu werfen.

Durch das Stimmengewirr ertönt Frau Haselmanns Stimme: „Langsam, langsam Kinder, das sind zu viele Fragen auf einmal!"

Die Jägerin schaut in die Runde. „Ich mache euch einen Vorschlag. Wenn Frau Haselmann einverstanden ist, lade ich euch für nächste Woche in den Wald ein, dann erzähle ich euch etwas über die Tiere, die hier leben. Wäre das auch in Ihrem Sinne?" Frau Pirschner blickt Frau Haselmann an.

„Das würde mich freuen!", stimmt Frau Haselmann zu und wendet sich an die Kinder: „Frau Pirschner kennt sich sehr gut mit den Tieren aus, die hier bei uns leben. Wollen wir nächste Woche noch einmal herkommen?"

„Aber warum denn nicht heute? Ich möchte jetzt gerne alles wissen!" Barbara blickt bittend zu Frau Pirschner.

„So habe ich Zeit, um für euren Besuch ein paar Dinge vorzubereiten. Dann kann ich euch die Tiere viel besser vorstellen", antwortet Frau Pirschner.

„Was bereitest du denn vor?", will Ole neugierig wissen.

„Das", antwortet Frau Pirschner, „bleibt eine Überraschung, auf die ihr euch freuen könnt."

Der Wald als Haus

Stellt euch einmal den Wald als Haus vor, mit mehreren Etagen, in denen sich verschiedene Wohnungen für die Tiere befinden.

Für jedes Tier, und sei es noch so klein, hält der Wald eine Wohnung bereit. Ganz unterschiedlich sind sie: Es gibt große, kleine, helle, dunkle und in jeder sind andere Tiere zu Hause. Sie finden Schutz vor Feinden oder dem Wetter, bringen ihre Jungen zur Welt, erholen sich und schlafen dort.

Im Keller zum Beispiel, also unter der Erde, da leben Tiere, die so klein sind, dass man sie kaum mit dem Vergrößerungsglas erkennen kann, z.B. Milben. Dort leben außerdem Würmer, Kellerasseln, Schnecken, Spinnen, Käfer und viele Mäuse. Aber auch der Fuchs und der Dachs teilen sich den Keller mit den Winzlingen, denn sie graben ihre Baue in das Erdreich.

Hirsche, Rehe und Wildschweine leben im Erdgeschoss, auf dem Waldboden, zusammen mit anderen Tieren, wie z.B. dem Igel, der Eidechse und der Ameise.

Die Tiere, die gut klettern können, wie der Marder und das Eichhörnchen, sind im Obergeschoss, den Baumkronen, zu Hause. Hier leben auch Vögel, wie Eulen, Habichte und Tauben, sowie Fledermäuse und Insekten, wie z.B. Falter, Bienen und Hornissen.

Mit Frau Pirschner durchs Revier

Endlich ist der langersehnte Tag gekommen. Am verabredeten Treffpunkt, einer Waldhütte mit Bänken und einem Tisch davor, wartet schon Frau Pirschner mit Hummel.

„Hallo", begrüßt sie die Klasse lächelnd. „Schön, dass ihr da seid, Hummel und ich haben euch schon erwartet. Dann kann es ja losgehen."

Frau Pirschner hat so einiges aufgebaut. Die Kinder staunen nicht schlecht, als sie die vielen ausgestopften Tiere sehen.

„Dürfen wir die anfassen?", fragt Lotte.

„Ja, nur zu, schaut euch alles erst einmal in Ruhe an, dann werde ich euch etwas zu den Tieren erzählen", antwortet Frau Pirschner.

„Was ist unter dem Tuch?", will Ole wissen und deutet dabei auf einen verhüllten Gegenstand.

„Das zeige ich euch später", sagt Frau Pirschner mit geheimnisvoller Miene.

Geheimnisse des Waldes

Die Kinder begutachten alles ganz genau, fühlen das Fell der Tiere und fahren vorsichtig mit den Fingern über die Krallen.

„Krass!" Ole ist schwer beeindruckt. „Die sind ja richtig spitz und scharf!"

„Das ist ein Iltis, die Krallen sind sehr wichtig für ihn." Frau Pirschner erklärt der Klasse, dass es sich dabei um ein Raubtier handelt. „Der Iltis ist meist in der Nacht unterwegs und jagt Mäuse, Frösche, aber auch Insekten. Er ist ein guter Kletterer. Und für all diese Sachen braucht er scharfe, spitze Krallen."

„Ein Raubtier?" Ole zieht die Augenbrauen hoch. „Der raubt wohl andere Tiere aus?"

Frau Pirschner schüttelt lächelnd den Kopf. „Nicht ganz. Er klaut den Tieren nichts, aber er raubt anderen Tieren das Leben. Raubtiere werden die Tiere genannt, die andere Tiere jagen, um sie dann zu fressen."

„Krass!", flüstert Ole und schaut sich den kleinen Räuber noch einmal genauer an.

„Den hier kenne ich", ruft Barbara. „Das ist der Fuchs, der hat bei der Oma die Hühner gestohlen!"

„Ein Raubtier", entfährt es Ole, der dabei eine Oberlehrer-Miene aufsetzt und wissend den Finger hebt.

„Richtig, das ist der Fuchs, auch ein Raubtier. Mittlerweile lebt er sogar in den Städten. Er fängt auch mal ein Huhn oder durchsucht die Mülltonnen. Aber anders als der Iltis ist er ein Allesfresser. Er frisst auch andere Sachen wie Beeren, Insekten, Obst und Aas", erklärt Frau Pirschner.

„Was ist Aas?", will Michael wissen.

„Aas", so erklärt Frau Pirschner, „sind tote Tiere, die der Fuchs im Wald findet. Er räumt sozusagen im Wald auf."

„Ist das hier das Kind vom Iltis?", fragt Lotte, nimmt ein kleines hellbraunes Tier in die Hand und hält es hoch.

„Nein, dieses Tier heißt Mauswiesel", sagt Frau Pirschner. „Was denkt ihr, was es am liebsten frisst?"

Die Kinder überlegen kurz und finden dann schnell die Lösung: „Mäuse", rufen sie und der Raubtierspezialist Ole begründet schnell: „Weil es ja auch so heißt: MAUSwiesel."

Frau Pirschner nickt zustimmend und erklärt weiter: „Das Mauswiesel ist ein perfekter Mäusejäger. Es passt aufgrund seiner Größe in jedes Mauseloch."

Raubwild

Wolf

Größe: Schulterhöhe bis 80 cm.

Gewicht: Bis 80 kg schwer.

Nahrung: Elche, Hirsche, Rehe, Wildschweine, Kleintiere, Aas, Nutztiere wie z.B. Schafe, Früchte.

Paarungszeit: Von Januar bis März.

Fortpflanzung: Zwischen April und Mai bringt die Wölfin 4–6 Welpen zur Welt.

Lebensweise: Die Wölfe leben den größten Teil des Jahres im Rudel (Familienverband) zusammen, das vom ranghöchsten Wolfspaar angeführt wird. Nur dieses zieht Junge auf, die von den anderen Rudelmitgliedern mitversorgt werden.

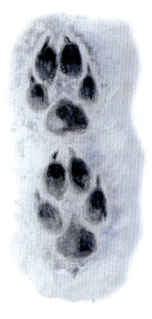

Luchs

Aussehen: Schulterhöhe zwischen 50 und 70 cm, bis 40 kg schwer. Männchen (jägersprachlich: „Kuder") sind größer als die Katze. Auffällig sind die schwarzen „Püschel/Pinsel" an den Ohren und der sehr kurze Stummelschwanz.

Nahrung: Alles von der Maus bis zum Reh, seltener Hirschkälber und Gämsen.

Paarungszeit (Ranz): Von Februar bis März.

Fortpflanzung: Im Mai bringt die Katze 2–3 Junge zur Welt.

Lebensweise: Luchse sind überwiegend nachtaktiv und leben als Einzelgänger.

Dachs

Größe: Körperlänge von 64 bis 110 cm.

Gewicht: Bis 25 kg schwer.

Nahrung: Allesfresser.

Paarungszeit: Von Juli bis August.

Fortpflanzung: Im Februar bringt das Weibchen (jägersprachlich: „Fähe") 2–3 Welpen zur Welt.

Lebensweise: Der Dachs ist nachtaktiv, tagsüber ruht er in unterirdischen Erdbauten. Diese können sehr groß sein und sind das Werk von Generationen. Dachse halten Winterruhe und kommen in dieser Zeit nur ganz selten hervor. Sie richten sich ein „Klo" (jägersprachlich: „Dachsabort") außerhalb ihres Baues ein. Ein besonderes Merkmal sind die langen Krallen an den Vorderpfoten, die zum Graben der Baue benötigt werden.

Fuchs

Größe: Körperlänge zwischen 65 und 75 cm.

Gewicht: Bis 10 kg schwer.

Nahrung: Allesfresser.

Paarungszeit (Ranz): Von Januar bis Februar.

Fortpflanzung: Im April bringt die Fähe 4–6 Welpen zur Welt. Das Männchen (jägersprachlich: „Rüde") beteiligt sich an der Aufzucht der Jungen.

Lebensweise: Der Fuchs ist überwiegend nachtaktiv. Bei schlechtem Wetter ruht er gerne in unterirdischen Bauen. Füchse können Krankheiten übertragen, die für den Menschen gefährlich werden können (z.B. Tollwut, Räude, Fuchsbandwurm).

Marderhund

Größe: Zwischen 20 und 30 cm.

Gewicht: Bis 10 kg schwer.

Nahrung: Allesfresser und Sammler.

Paarungszeit (Ranz): Von Februar bis Mai.

Fortpflanzung: Ab April bringt die Fähe 3–8 Welpen zur Welt. Der Rüde beteiligt sich mit an der Aufzucht.

Lebensweise: Der Marderhund ist nachtaktiv. Er ist ein Einzelgänger und bewohnt alte Fuchsbaue.

Otter

Größe: Körperlänge bis 1 m.
Gewicht: Bis 12 kg schwer.
Nahrung: Fische, kleine Wassertiere.
Paarungszeit: Von Februar bis März.
Fortpflanzung: Im April/Mai bringt das Weibchen 2–3 Junge zur Welt.
Lebensweise: Der gute Schwimmer ist meist nachtaktiv und ruht tagsüber in Höhlen in der Uferböschung.

Waschbär

Größe: Körperlänge zwischen 41 und 71 cm.
Gewicht: Bis 10 kg schwer.
Nahrung: Allesfresser und Sammler.
Paarungszeit: Im Februar.
Fortpflanzung: Im Mai bringt die Fähe 2–5 Junge zur Welt.
Lebensweise: Waschbären sind nachtaktiv. Sie leben auch in den Städten.

Baummarder

Größe: Bis 60 cm lang.

Gewicht: 1–2 kg schwer.

Nahrung: Kleinere Tiere, Obst.

Paarungszeit (Ranz): Von Juli bis August.

Fortpflanzung: 2–4 Junge kommen zwischen März und April zur Welt.

Lebensweise: Der Baummarder ist ein guter Kletterer. Er ist ein Einzelgänger, der sowohl am Tage als auch in der Nacht aktiv ist. Er ruht in Baumhöhlen oder Nestern.

Iltis

Größe: Bis 50 cm lang.

Gewicht: 1–1,5 kg schwer.

Nahrung: Kleintiere bis Kaninchengröße, Frösche, Eier, Obst, Insekten.

Paarungszeit (Ranz): Von März bis April.

Fortpflanzung: 3–7 Junge kommen zwischen April und Juni zur Welt.

Lebensweise: Der nachtaktive Einzelgänger ist ein guter Schwimmer. Er setzt zur Abwehr ein übelriechendes Drüsensekret ab. Der Iltis wohnt in selbst gegrabenen Bauen oder übernimmt andere Baue.

Hermelin

Größe: Etwa 20–35 cm Körperlänge.

Gewicht: 150–300 g schwer.

Nahrung: Kleintiere, Vögel, Eier.

Paarungszeit (Ranz): April bis Juli.

Fortpflanzung: 4–10 Junge kommen zwischen Februar und Mai zur Welt.

Lebensweise: Das Hermelin ist überwiegend tagaktiv. Beide Elternteile kümmern sich um den Nachwuchs. Durch seine Größe und die schwarze Schwanzspitze ist er vom viel kleineren Mauswiesel gut zu unterscheiden. Im Sommer ist sein Fell auf der Oberseite braun und im Winter weiß, die Schwanzspitze bleibt immer schwarz.

Mauswiesel

Größe: 15–20 cm Körperlänge.

Gewicht: 100–150 g schwer.

Nahrung: Mäuse, Eier, Eidechsen, Jungvögel.

Paarungszeit (Ranz): Von Februar bis März.

Fortpflanzung: 4–8 Junge kommen ab März zur Welt.

Lebensweise: Das Mauswiesel ist das kleinste Raubtier in Europa. Es ist ein Mäusefangspezialist! Sein Fell hat im Sommer und Winter in Mitteleuropa meist die gleiche Farbe. Sehr selten hat es im Winter eine Weißfärbung. In Nordeuropa, Nordamerika und Sibirien ist die Färbung wie beim Hermelin im Winter weiß.

Ein Geheimnis wird gelüftet

„Jetzt ist es aber an der Zeit, das Geheimnis zu lüften!", sagt Frau Pirschner und zieht das Tuch zur Seite. Zum Vorschein kommt ein schwarz-weißes Tier.

„Ah, so eins haben wir gesehen!" Die Kinder sind sich sofort einig. Nur, wie hieß es noch gleich?

„Ein Dachs?", erinnert sich Jan und schaut fragend die Jägerin an.

„Richtig, es ist ein Dachs", antwortet Frau Pirschner. „Der Dachs ist wie der Fuchs ein Allesfresser und Raubtier. Beide sind nachtaktiv und schlafen in einem Bau unter der Erde. Aber anders als der Fuchs verschläft der Dachs die meiste Zeit des Winters und kommt nur ab und zu mal heraus. Er ist sehr scheu und man bekommt ihn kaum zu Gesicht", erzählt Frau Pirschner. „Schaut euch mal seine Krallen an, wie lang diese sind. Er kann damit wunderbar Gänge in die Erde graben."

Der König der Wälder

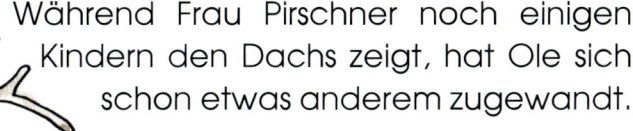

Während Frau Pirschner noch einigen Kindern den Dachs zeigt, hat Ole sich schon etwas anderem zugewandt.

„Puhhhhhhh", der Junge stöhnt. Mit beiden Händen stemmt er eine mächtige Stange. „Was ist denn das für ein Ast?", fragt er erstaunt.

„Das ist die Geweihstange von einem Hirsch. Er trägt sogar zwei davon auf dem Kopf." Die Jägerin kann sich ein Lächeln über den beeindruckten Ole nicht verkneifen. „Diese Stange wiegt vier Kilogramm. Das ist ungefähr so schwer wie ein gefüllter Schulranzen", erklärt Frau Pirschner.

Gekicher bei den Mädchen. „Och Ole, biste wohl nicht so stark wie ein Hirsch, der schafft sogar zwei davon zu tragen und du stöhnst schon bei einer", feixt Lotte.

Das lässt sich Ole natürlich nicht nachsagen und hievt die Stange bis über seinen Kopf. „Bin ich doch!", triumphiert er.

Frau Pirschner weiß noch mehr über die Geweihstange zu berichten: „Der Hirsch muss die Stangen allerdings nicht das ganze Jahr über tragen."

„Kann er die auch ausziehen?", will Michael verwundert wissen.

Frau Pirschner schmunzelt. „Naja, es ist eher wie bei euren Milchzähnen. Den Hirschen wächst ein Geweih, das jeden Tag ein Stückchen größer und prächtiger wird. Es ist zuerst noch von einer flauschigen Haut, dem Bast, überzogen, die dem Geweih hilft, sich zu entwickeln.

Wenn es dann ausgewachsen ist, braucht der Hirsch den Bast nicht mehr und scheuert ihn an Bäumen ab (jägersprachlich „fegen"). Nun kann er allen sein neues Geweih stolz zeigen und es auch im Kampf mit anderen einsetzen. Dann kommt der Zeitpunkt, wo das Geweih anfängt, locker zu werden. Ihr kennt das von euren Milchzähnen. Schließlich verliert der Hirsch es dann ganz."

„So wie bei mir, guck mal!" Stolz präsentiert Wiebke mit einem breiten Grinsen ihre frische Zahnlücke.

Frau Pirschner und Frau Haselmann müssen lachen. „Aber wir müssen auf die neuen Zähne sehr gut achtgeben, denn wir bekommen nur einmal neue. Dem Hirsch wächst dagegen jedes Jahr ein neues Geweih, größer und prächtiger als das zuvor abgeworfene."

„Auch bei den Hirsch-Frauen?", möchte Jan wissen.

„Nein." Die Jägerin schüttelt den Kopf. „Die weiblichen Tiere des Rotwildes, so nennt man die Hirschfamilie, bekommen kein Geweih. Nur den männlichen wächst eines."

„Och, wie gemein", empört sich Wiebke mit den Fäusten in die Hüften gestemmt.

Jan ist hingegen sichtlich zufrieden mit dieser Antwort.

„Dafür brauchen sie aber nicht so schwer zu schleppen", sieht Lotte das Ganze praktisch.

„Ach, guckt mal. Hier habe ich das Geweih von einem Hirsch, als er noch ganz klein war." Jan hält ein Rehgehörn hoch.

Frau Pirschner schüttelt den Kopf und erklärt: „Das ist von einem Rehbock, einem männlichen Reh. Nicht vom Hirsch. Es wird Gehörn genannt. Aber genau wie beim Rotwild trägt nur das männliche Reh, der Bock, ein Gehörn, das einmal im Jahr abgeworfen wird und dann wieder nachwächst.

Rehe sind kleiner, aber in vielen Dingen ähneln sie ihren großen Verwandten, dem Rotwild. Beide fressen sie Laub, Knospen, Kräuter und Feldfrüchte, also sind sie Pflanzenfresser."

Schalenwild

Rotwild

Größe: Widerristhöhe 0,9–1,4 m.

Gewicht: Hirsche bis 270 kg, Weibchen (jägersprachlich: „Tiere") bis 130 kg schwer.

Nahrung: Pflanzen.

Paarungszeit (Brunft): Zwischen September und Oktober. In dieser Zeit kämpft der Hirsch mit seinen Konkurrenten.

Fortpflanzung: Zwischen Mai und Juni bringt das Tier ein Kalb zur Welt.

Lebensweise: Hirsche tragen ein Geweih, das im Februar abgeworfen wird und noch im gleichen Frühjahr wieder nachwächst.

In der Wachstumsphase ist es von einer samtigen Haut (jägersprachlich: „Bast") überzogen. Im Laufe des Lebens wird das Geweih größer und schwerer.

Mütter und Kälber bilden im Sommer große Gruppen (jägersprachlich: „Rudel"), auch die Hirsche schließen sich in Gruppen zusammen.

Rotwild mag Wasser und wälzt (jägersprachlich: „suhlt") sich gerne zur Körperpflege im Schlamm. Wegen der Unruhe durch die Menschen ist es zum Nacht- und Waldtier geworden.

ein neues. Es ist in der Wachstumsphase von Bast überzogen.

Damwild ist tag- und nachtaktiv. Sie bilden Hirschrudel und Rudel von Tieren und Kälbern.

Damwild

Größe: Widerristhöhe 0,75–1 m.

Gewicht Hirsche bis 120 kg, Tiere bis 80 kg.

Nahrung: Pflanzen.

Paarungszeit (Brunft): Zwischen Oktober und November.

Fortpflanzung: Im Mai/Juni bringt das Tier ein Kalb zur Welt.

Lebensweise: Nur Damhirsche tragen ein Geweih, das aufgrund seiner Form Schaufel genannt wird. Im April wirft es der Hirsch ab und bis zum Herbst wächst ihm

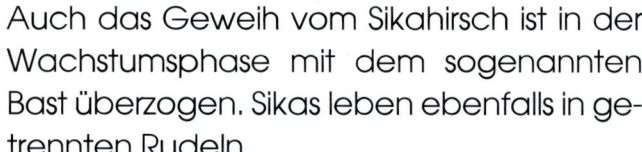

Auch das Geweih vom Sikahirsch ist in der Wachstumsphase mit dem sogenannten Bast überzogen. Sikas leben ebenfalls in getrennten Rudeln.

Sikawild

Größe: Widerristhöhe 0,75–1,10 m.

Gewicht: Hirsche bis 80 kg, Tiere bis 50 kg.

Nahrung: Pflanzenfresser.

Paarungszeit (Brunft): Zwischen Oktober und November.

Fortpflanzung: Im Mai/Juni bringt das Tier ein Kalb zur Welt.

Lebensweise: Nur Sikahirsche tragen ein Geweih. Im April werfen sie es ab und bis zum September ist ihnen ein neues gewachsen.

Rehwild

Größe: Widerristhöhe ca. 70 cm.

Gewicht: Bis zu 20 kg schwer.

Nahrung: Pflanzenfresser.

Paarungszeit (Blattzeit): Zwischen Juli und August.

Fortpflanzung: Im Mai/Juni bringt die Ricke (Weibchen) 1–2 Kitze (Junge) zur Welt.

Lebensweise: Der Bock trägt ein kleines Gehörn, welches er im November verliert und das sich bis zum März erneuert. In der Wachstumsphase ist das Gehörn mit dem Bast überzogen. Im Sommer sind Rehe Einzelgänger und im Winter schließen sie sich in kleinen Gruppen zusammen, den sogenannten Sprüngen. Die Kitze warten versteckt im Gras auf die Ricke. Sie ist immer in der Nähe und kommt regelmäßig zum Säugen zu ihnen.

wachsen sie jedoch nicht immer gleich schnell und deshalb bilden sich sogenannte Jahresringe. Daran kann man dann das Alter der Tiere abzählen.

Der Jäger nennt beim Muffelwild das Männchen Widder und das Weibchen Schaf, bei den Gämsen und dem Steinwild spricht er von Bock und Geiß.

Gamswild

Zum Schalenwild gehören auch Muffelwild, Schwarzwild und Gams.

Im Gegensatz zu den anderen Schalenwildarten tragen die Weibchen beim Gamswild und Steinwild, selten auch beim Muffelwild, ebenfalls Hörner. Außerdem werfen sie ihren Kopfschmuck nicht einmal im Jahr ab, sondern die Hörner wachsen das ganze Leben lang. Da die Tiere im Winter weniger Futter finden als im Sommer,

Muffelwild

Aufgepasst und hingeschaut

Frau Pirschner schaut zu den Kindern. „Jetzt, wo ihr so vieles über die Tiere hier erfahren habt, würde ich gerne mit euch ein Stück weiter in den Wald gehen, denn es gibt noch viel mehr zu entdecken. Vielleicht finden wir ja Fährten und Trittsiegel, so nennt man die Fußabdrücke der Tiere. Oder andere Hinweise auf die tierischen Waldbewohner, wie eine Suhle, das ist eine matschige Stelle, in der Rotwild und auch Wildschweine ein Matschbad nehmen, um sich von lästigem Ungeziefer zu befreien. Sicher finden wir auch einen Baum oder Strauch, an dem der Rehbock im Frühjahr sein Gehörn reibt, um sein Revier zu markieren und den Bast abzustreifen, das nennt man eine Fegestelle.“

Sie schlendern den Weg entlang. Matschig ist es, auch ein paar Pfützen stehen in den Fahrspuren, denn in der vergangenen Nacht hatte es geregnet.

Frau Pirschner bleibt stehen und zeigt nach unten. „Schaut doch mal, ob ihr im nassen Boden Spuren entdecken könnt.“

Ja, tatsächlich, ganz deutlich ist zu erkennen, dass hier verschiedene Tiere gelaufen sind. Ole entdeckt einen Abdruck mit deutlich sichtbaren Krallen und erinnert sich an die Spur, die sie gemeinsam mit der Jägerin schon einmal gesehen haben. „War das der Dachs?“, fragt er.

„Richtig Ole, das ist die Spur eines Dachses, sie ist gut an den Krallenabdrücken zu erkennen. Erinnert ihr euch an seine langen Krallen?“ Die Kinder nicken begeistert.

„Welches Tier hat denn kleine Hände?“ Barbara deutet erstaunt auf die Spuren, die tatsächlich aussehen, als seien es Abdrücke von Händen.

Frau Pirschner kommt zu ihr herüber und schaut sich die Abdrücke an. „Die Spur gehört zu einem Waschbären. Seine Vorderpfoten sind wie unsere Hände, er ertastet und sammelt damit seine Nahrung. Da er das oft in Wassernähe tut und es dann so aussieht, als würde er die Nahrung waschen, bekam er seinen Namen“, erklärt Frau Pirschner. „Der Waschbär kommt ursprünglich aus Nordamerika und wurde von den Menschen mit nach Deutschland gebracht. Da er hier keine Feinde hat, fühlt er sich sehr wohl und breitet sich stark aus", fügt sie hinzu.

„Ich habe auch etwas gefunden", ruft Jan und zeigt auf die Bäume in der Nähe der matschigen Pfütze. „Die Bäume sind ja ganz voll Schlamm, wie kommt denn sowas?" Jan untersucht neugierig seine Entdeckung.

„Das sind Malbäume. Hier reiben sich die Wildschweine oder Hirsche, nachdem sie sich in den Pfützen gesuhlt haben", erzählt Frau Pirschner. „Vielleicht sind ja ein

paar Borsten hängen geblieben, schaut doch einmal genau nach", motiviert Frau Pirschner die Kinder.

„Ja, tatsächlich, hier sind ganz harte Haare." Jan zupft ein paar Borsten aus dem am Stamm getrockneten Matsch. „Diese Haare gehören zu einem Wildschwein", erklärt Frau Pirschner.

Geheimnisse und Fundstücke im Wald

Wer mit offenen Augen durch den Wald geht, der wird viele Entdeckungen machen und so einiges finden.

Losung

Kot der Tiere.

Wildschwein

Rotwild

Waschbär

Rehwild

Feldhase

Abwurfstangen

Abgeworfene Geweihe und Gehörne. Sie dürfen nicht mitgenommen werden, denn sie gehören dem Jagdpächter.

Gehörn vom Rehbock

Geweih vom Hirsch

Suhle

Wasserstellen bzw. Pfützen, in denen sich Wildschweine und Hirsche wälzen (suhlen), um sich von Ungeziefer zu befreien oder sich abzukühlen. Hier sind oft Trittsiegel im feuchten Boden zu erkennen.

Malbäume

Bäume in der Nähe der Suhle. Hier reiben und scheuern sich Hirsche und Wildschweine nach dem Schlammbad. So werden sie die im Schlamm haftenden Parasiten los. Oft kann man auch Borsten entdecken, die an den Baumstämmen haften geblieben sind.

Bauten

Erdhöhlen, z.B. die Behausung vom Fuchs oder Dachs.

Fuchsbau

Dachsbau

Nester

Sie sind oft in den Baumkronen zu entdecken. Die Eier dürfen nicht angefasst werden, es besteht sonst die Gefahr, dass die Mutter das Gelege nicht mehr annimmt, weil der Menschengeruch sie abschreckt.

Tote Tiere

Der Tod gehört zum Leben im Wald dazu und so ist es immer möglich, dass man ein verstorbenes Tier findet. Da die Gefahr besteht, dass das Tier auch nach dem Tod eine Krankheit überträgt, darf es nicht angefasst werden. Man kann dem Förster oder dem Jäger den Fund mitteilen.

Federn

Hin und wieder findet man Federn, die den Vögeln ausgefallen sind, das passiert vor allem in der Mauser. Der Vogel erneuert sein Federkleid und wirft die alten Federn nach und nach ab. Aber auch Raubtiere hinterlassen nach einer Vogelmahlzeit Federn.

Eichelhäherfeder

Eulenfeder

Krähenfeder

Gewölle

Das sind ausgespuckte, unverdauliche Nahrungsreste, z.B. von der Eule.

Wildschweine (Schwarzwild)

„Wo schlafen denn die Wildschweine?", möchte Thomas von Frau Pirschner wissen.

„Wildschweine machen es sich gerne im Unterholz, zwischen Blättern und unter Büschen gemütlich, sie ruhen meist tagsüber und gehen in der Nacht auf Futtersuche", erzählt Frau Pirschner den aufmerksamen Zuhörern.

„Wildschweine sind, wie der Fuchs und der Dachs, Allesfresser. Sie leben teilweise in großen Familien zusammen und können erhebliche Schäden auf Feldern anrichten, wenn sie dort etwas zu Fressen suchen und den Boden umwühlen. Wildschweine können sehr gefährlich werden, besonders die Bachen, so nennt man die weiblichen Wildschweine, wenn sie Frischlinge haben. Also bleibt – besonders im Frühling – besser immer auf den Wegen, damit die Bachen mit ihrem Nachwuchs nicht gestört werden", rät Frau Pirschner der Klasse.

„Krass!" Ole pfeift durch die Zähne. Die Vorstellung, einer wütenden Wildschweinmutti zu begegnen, flößt ihm Respekt ein.

Schwarzwild

Größe: Wie ein Hausschwein.

Gewicht: Männchen (jägersprachlich: „Keiler") bis 180 kg, Weibchen (jägersprachlich: „Bache") bis 100 kg.

Nahrung: Allesfresser.

Paarungszeit (Rauschzeit): November bis Januar.

Fortpflanzung: Im März bis April bringt die Bache 4–8 Frischlinge in einem Nest (jägersprachlich: „Kessel") zur Welt.

Lebensweise: Die Bachen und Frischlinge schließen sich zu Gruppen (jägersprachlich: „Rotten") zusammen. Die Keiler sind Einzelgänger. Tagsüber ruhen sie meist und gehen nachts auf Nahrungssuche. Zur Köperpflege suchen sie schlammige Wasserlöcher auf und suhlen sich darin. Anschließend scheuern sie sich an Malbäumen.

Verdiente Pause

„Nun haben wir uns aber eine Stärkung verdient", meint Frau Haselmann.

Die Wanderer kehren zum Rastplatz zurück, an dem noch die ausgestopften Tiere stehen. Schnell findet jeder ein gemütliches Plätzchen und packt sein Proviant aus. Frau Haselmann verteilt rasch noch für jeden ein Desinfektionstuch und nachdem sich alle die Hände gesäubert haben, wird gegessen. Hmmm, wie das schmeckt, so viel frische Luft und Bewegung machen hungrig.

Alle essen ihre Brote, nur Frau Pirschner nicht. Sie wühlt in ihrem Rucksack. „Hmmmm, komisch, ich hatte doch ein Brot eingepackt." Sie kratzt sich fragend am Kopf und wirft ihrem Hund einen nachdenklichen Blick zu. Hummel schaut sie an und legt den Kopf schief.

„Du kannst eins von meinen Broten haben", bietet Thomas an und reicht Frau Pirschner ein Käsebrot.

„Dankeschön, das ist wirklich lieb von dir." Frau Pirschner nimmt das Brot erfreut entgegen. „Ich glaube, ich muss meinen Rucksack das nächste Mal besser verschließen oder was denkst du, Hummel?!", sagt Frau Pirschner lächelnd zu ihrem kleinen Hund, der sich ganz unschuldig hinter dem Ohr kratzt.

Ein unerwarteter Anruf

Die gemütliche Runde wird plötzlich unterbrochen, als das Handy von Frau Pirschner klingelt. „Pirschner", meldet sich die Jägerin. „Ja, verstehe … Das ist nicht gut … Hmm, bin sofort da! Wir treffen uns am Parkplatz … Bring den Hund mit … Bis gleich!"

Oh, die Jägerin klang besorgt. Was mag wohl passiert sein? Die Kinder und Frau Haselmann schauen beunruhigt zu Frau Pirschner, die schon aufgesprungen ist und die Sachen zum Auto bringt. Sie berichtet den Kindern, was passiert ist.

„Der Anruf kam vom Förster. Es ist zu einem Unfall mit einem Reh gekommen. Ich muss schnell dorthin, gemeinsam werde ich mit ihm und seinem Hund eine sogenannte Nachsuche machen, damit wir das möglicherweise verletzte Reh schnell finden."

„Oh, schrecklich!" Wiebke ist entsetzt. „Das arme Reh!"

„Kann das denn nicht Hummel machen?", möchte Jan wissen.

„Nein, Hummel ist noch nicht dafür ausgebildet. Ja, auch Hunde müssen eine Ausbildung machen und jede Menge lernen, um ein Jagdhund zu werden. Der Schweißhund zum Beispiel kann durch seinen guten Geruchssinn der Blutspur eines Tieres folgen, selbst wenn für uns Menschen weder etwas zu sehen noch zu riechen ist.

So führt er den Jäger schnell zum verwundeten Tier, der dieses dann von seinem Leiden erlöst. Denn oft sind die Verletzungen so schwer, dass sie zu einem jämmerlichen und qualvollen Tod führen und das möchten wir dem Tier ersparen. Da es immer mal wieder vorkommt, dass verletzte Tiere gesucht werden müssen, hat Herr Tann, der Förster, einen geeigneten Hund dafür."

Schnell fassen alle mit an und im Nu ist alles im Auto verstaut.

Jagdhunde

Ein Jagdhund ist nicht nur Freund und treuer Begleiter des Jägers. Für die verschiedenen Einsatzgebiete bei der Jagd gibt es auch speziell für diesen Bereich geeignete und ausgebildete Hunde.

Bauhunde

So werden die Hunde genannt, die zur Baujagd eingesetzt werden. Sie sind wegen ihrer Größe ideal geeignet, um Füchsen oder Dachsen in die unterirdischen Baue zu folgen.
Typische Rassen sind der Deutsche Jagdterrier, der Jack Russell Terrier und der Dackel (Teckel).

Jack Russel Terrier

Rauhaar Dackel

Deutscher Jagdterrier

Stöberhunde

Suchen selbstständig in unübersichtlichem Gelände wie dichten Büschen und Schilf nach Wild für den Jäger. Sie stöbern es auf und treiben es dem Jäger zu.

Der Cocker Spaniel und der Deutsche Wachtelhund sind speziell dafür geeignet.

Deutscher Wachtelhund, Welpe

Cocker Spaniel

Vorstehhunde

Sie zeigen dem Jäger durch ihr Verhalten an, dass sie Wild gefunden haben. Das geschieht, indem sie ganz still stehen bleiben, einen Vorderlauf anwinkeln und auf die Stelle schauen, wo sich das ausfindig gemachte Tier versteckt.

Der Deutsch Drahthaar und der Weimaraner gehören zu den Vorstehhunden.

Weimaraner

Deutsch Drahthaar

Apportierhunde

Diese Bezeichnung tragen die Jagdhunde, die geschossenes Wild für den Jäger holen und es ihm bringen. Auch aus dem Wasser holen diese Hunde zum Beispiel die erlegten Enten.

Ein guter Apportierhund ist der Golden Retriever.

Schweißhunde

Wenn ein Jäger über Schweiß spricht, so meint er das Blut eines Tieres. Ein Schweißhund hat einen besonders guten Geruchssinn und ist darauf trainiert, verletzte Tiere mehrere Kilometer weit zu verfolgen. Er bringt den Jäger so zum leidenden Tier, damit dieser es erlöst.

Der Hannoversche Schweißhund und der Bayerische Gebirgsschweißhund sind solche Experten.

Jeder Jäger entscheidet für sich, welche Rasse am besten zu ihm und seinem Revier passt.

Bayerischer Gebirgsschweißhund

Hannoverscher Schweißhund

Auf der Suche

Noch während Frau Pirschner zu den Kindern spricht, klingelt erneut das Telefon: „Pirschner", meldet sich die Jägerin wieder. „… Hmm … Das hatte ich befürchtet … Ja, ich hoffe, sie sind in der Nähe … Ich bin sofort da!"

Die Kinder drängen sich um Frau Pirschner. Alle wollen wissen, was mit dem Reh ist. Es klang am Telefon schon nicht gut und Frau Pirschner, die sonst so fröhlich ist, macht einen ernsten Gesichtsausdruck.

„Gerade hat mich Herr Tann wieder angerufen, er hat das Reh schon gefunden, es ist tot. Es handelt sich um eine Ricke, so nennt man die weiblichen Rehe, und als er sie genau angeschaut hat, ist ihm aufgefallen, dass sie ein gefülltes Gesäuge hatte. Das bedeutet, sie hatte mindestens ein Kitz und das muss nun gefunden werden, damit es nicht verhungert."

Betroffenes Schweigen bei den Kindern, alle schauen erst Frau Pirschner und dann Frau Haselmann an.

Die Lehrerin, die ebenfalls bestürzt über diese Nachricht ist, fragt: „Können wir bei der Suche helfen?"

Frau Pirschner nickt erfreut. „Sehr gerne. Zusammen sind wir sicher viel schneller!" Die Klasse bricht in ein Freudengeschrei aus.

„Dann lasst uns losgehen, aber packt erst eure Sachen zusammen und lasst bitte keinen Müll zurück", ermahnt Frau Haselmann die Kinder. Nach einem kurzen Fußmarsch erreicht die Klasse eine Wiese, die in der Nähe des Unfallortes liegt.

Verhaltensregeln im Wald

Da wir Gäste im Hause der Tiere des Waldes sind, müssen wir zu ihrem Schutz auch einige Regeln beachten:

→ **Nichts mutwillig zerstören oder ausreißen:** Reißt weder Pflanzen aus noch zertretet z.B. Ameisenhügel.

→   **Beunruhigung der Tiere vermeiden:** Macht keinen unnötigen Lärm, der Wald ist kein Ort für laute Musik oder Geschrei.

→ **Zäune nicht übersteigen oder öffnen:** Anpflanzungen sind in Gattern vor dem Wild geschützt, öffnet diese nicht. Die Tiere würden sonst die jungen Bäumchen anknabbern.

→ **Jagdliche Einrichtungen nicht betreten:** Um Unfälle zu vermeiden, Hochsitze nicht besteigen.

→ **Auf den Wegen bleiben:** So nehmt ihr Rücksicht auf den Lebensraum der Tiere und Pflanzen im Wald.

→ **Gekennzeichnete Gefahrenbereiche meiden:** Um Unfälle zu vermeiden, müssen abgesperrte Bereiche gemieden werden.

→ **Kein Feuer im Wald machen.** Für Raucher gilt vom 1. März bis 31. Oktober ein Rauchverbot. Sonst können z. B. trockenes Laub oder trockene Äste leicht Feuer fangen.

→ **Müll mit zurücknehmen:** Die Tiere könnten sonst etwas davon fressen und krank werden.

Das Gras ist kniehoch und da steht auch Herr Tann und wartet:

„Hallo. Das ist ja toll, dass ihr helfen wollt", begrüßt er die Kinder und Frau Haselmann freundlich.

Bevor die Suche beginnt, erklärt Frau Pirschner die Regeln: „Ihr müsst bitte vorsichtig laufen, damit ihr nicht auf die Tiere tretet.

Wir gehen in einer Reihe nebeneinander über die Wiese. Noch wichtiger ist, dass keiner einfach so die Wiese verlässt und auf die Straße geht. Ihr habt erlebt, wie schnell ein Unfall passiert, wenn man unachtsam ist. Wenn ihr etwas entdeckt, dann ruft ihr mich bitte."

Voller Eifer machen sich alle auf die Suche. In einer Reihe rücken sie langsam Meter um Meter weiter, indem sie das Gras mit den Händen vor sich teilen.

Eine ganze Zeit ist es sehr still, alle sind vertieft in die Aufgabe. Nur das Rascheln des Grases ist zu hören.

Doch plötzlich zerreißt ein Schrei die konzentrierte Stille: „Hier ist eins!" Michael winkt aufgeregt mit den Armen in der Luft.

Frau Pirschner ist schnell zur Stelle. „Super, du hast ein Kitz gefunden!" Behutsam nimmt sie das kleine Wesen an sich und trägt es zum Auto.

„Schaut mal, ich glaube, Hummel hat auch etwas entdeckt!", ruft Herr Tann hinüber.

Hummel steht ganz still, hält ein Vorderbein hoch und schaut runter ins Gras.

Thomas ist als erster bei dem Hund. „Ja, hier ist noch ein Rehkitz, Hummel hat es gefunden!", jubelt er.

Nachdem Frau Pirschner auch dieses Kitz vorsichtig in Sicherheit gebracht hat, versammeln sich alle am Auto. Die Kinder betrachten die Zwillinge und sind entzückt von den kleinen Tieren mit den großen Kulleraugen und dem gepunkteten Fell.

„Was passiert nun mit den beiden?", möchte Jan wissen.

„Die werden jetzt erst einmal ein neues Zuhause bei mir auf dem Hof bekommen und ich werde sie mit dem Fläschchen aufziehen", beantwortet Frau Pirschner

die Frage. „Und weil ihr geholfen habt, die beiden zu retten, dürft ihr euch auch Namen überlegen und natürlich gerne vorbeikommen und euch anschauen, wie sich die beiden entwickeln."

Die Begeisterung ist den Kindern anzusehen. Nach einigen Diskussionen einigt man sich auf Namen für die beiden Kitze. „Finchen" soll das Rickenkitz heißen und „Paule" der kleine Bock.

Bis zum nächsten Mal

Nun ist es Zeit für den Abschied, denn die Kitze sollen nicht zu lange im Auto bleiben. Die Kinder und Frau Haselmann bedanken sich bei Frau Pirschner und streicheln Hummel noch einmal.

„Dann dürfen wir sie in ein paar Wochen besuchen?", fragt Frau Haselmann.

„Das würde mich sehr freuen!", antwortet Frau Pirschner. „Und vielleicht schauen wir uns auch einmal gemeinsam an, wie die Wildwürstchen gemacht werden, die euch vorhin so gut geschmeckt haben."

„Da bin ich dabei", ruft Ole und reibt sich den Bauch. Alle müssen lachen.

Tipps, Ideen und Adressen

Lernort Natur
Rollende Waldschule:

Wird von den Kreisjäger-schaften angeboten. Mit dem Lernort-Natur-Mobil mit viel Anschauungs-material besuchen Jä-ger für eine Schulstunde den Sachkunde- oder Biologieunterricht. Auch Exkursionen und Unterstützungen bei Projekttagen gehören zum Angebot.

www.lernort-natur.de

Info-Material beim DJV:

Der DJV bietet im Rah-men der Initiative Lernort Natur ein breit gestreutes Angebot an Materialien wie Handbücher, Plakate, Tafeln, Spiele und Ausrüstung.

http://djv-service.de/kinder-schulen/
spiele-ausruestung/

Forstämter:

Führungen in den Wald sollten beim zu-ständigen Förster angemeldet werden, nicht nur damit der Termin und die Route bekannt sind. Sicherlich wird der Förster den Waldausflug mit Tipps und interes-santen Anregungen bereichern können.

Tipps für Führungen mit Kindern:

→ Regeln müssen festgelegt werden. Das bewahrt vor Unfällen und „Verlust" der Kinder.

→ Konzentration aufrechterhalten, indem sich Zuhören mit Bewegungsangeboten abwechselt.

→ Begreifen durch „be"-greifen dürfen. Alle Sinne mit einbeziehen. An den Blättern riechen lassen, das Fell der Tiere berühren usw.

→ Interaktion mit der Gruppe. Keine Monologe führen, sondern auf Fragen der Kinder eingehen. Dadurch aber nicht den roten Faden verlieren und die Gruppe immer wieder zurück zum Thema führen. Das kann gut über Spiele gelingen.

Buchempfehlungen

Schabacker-Gerland/ Volkmar
Ist der Hirsch der Mann vom Reh?

Kinder wollen nicht nur wissen, welche Tiere in unseren heimischen Wäldern leben. Sie möchten auch detaillierte Informationen. Die Autorin Petra Schabacker-Gerland hat sich auf die Fährten von Rehen, Füchsen und Hirschen gemacht, die von dem europaweit bekannten Wildtierfotografen Karl-Heinz Volkmar dokumentiert werden. Ein Natursachbuch, das Kinder ab 8 Jahren begeistert. Hardcover, 96 Seiten, zahlr. Abb., Format: 21 x 20 cm.

Best.Nr.: NN1033

€ 14,95

Asche/ Leuchtenberger
Kannst du mal die Leber halten?
Mein erster Tag auf der Jagd

Dieses Buch schließt endlich die Lücke in der Reihe hübscher Kinderbücher, die doch immer dann versagen, wenn es zum Kern der Sache mit der Jagd kommt. Der alte Mann und das kleine Mädchen gehen zum ersten Mal zusammen hinaus ins Revier. Sie lauschen gemeinsam in die Natur und erleben ihre wunderschönen Bilder. Sie machen Beute. Am erlegten Rehbock sprechen sie über das Entscheidende in der Welt, über Leben und Sterben. Für Kinder zw. 5 und 10 Jahren und Erwachsene. Hardcover, 32 Seiten, zahlr. Abb., Format: 29,7 x 21 cm.

Best.Nr.: NN1617

€ 12,95

Heinz Meynhardt

Wildschweingeschichten

Wildschweine gehören zu den geheimnisvollsten Tieren unserer Wälder. Inzwischen findet man sie aber nicht nur dort, sondern auch in den Gärten vieler Städte. Wie gefährlich sind sie? Was weiß man von ihnen? Heinz Meynhardt hat als Oberhaupt einer Wildschweinfamilie jahrelang unter ihnen gelebt und viel Unbekanntes über dieses wehrhafte Wild erforscht. Hardcover, 92 Seiten, zahlr. Abb., Format: 21 x 20 cm.

Best.Nr.: NN1018

€ 14,95

Winfried von Schumann

Malspaß für kleine Waldläufer

Wild- & Waldmalbücher für Kinder ab 3 Jahren. Die fantasievollen Skizzen regen die kleinen Künstler zum Ausmalen und Vervollständigen an. Zu jedem Bild gibt es einen bunten Sticker, der bei der Farbauswahl hilft, ohne die eigene Kreativität zu bremsen, jedoch zusätzlich noch Puzzlespaß beim Suchen der richtigen Skizze macht. Softcover, 32 Seiten, zahlr. Abb., Format: 16,8 x 23,5 cm.

Malspaß 1	**Best.Nr.: NN1154**
Malspaß 2 – Vögel	**Best.Nr.: NN1302**
Malspaß 3 – Wildtiere	**Best.Nr.: NN1592**

je € 5,-

Impressum

2., überarb. Auflage 2015

ISBN 978-3-7888-1680-3

Das Werk, einschließlich aller seiner Teile, ist urheberrechtlich geschützt. Jede Verwertung außerhalb der engen Grenzen des Urheberrechtsgesetzes ist ohne Zustimmung des Verlages unzulässig und strafbar. Das gilt insbesondere für Vervielfältigungen, Übersetzungen, Mikroverfilmungen, Vertonungen und die Einspeicherung und/oder Verarbeitung in elektronischen Systemen.

Das Werk ist nach bestem Wissen vom Verlag lektoriert worden. Für falsche, fehlende oder unrichtig wiedergegebene Daten wird die Haftung ausgeschlossen.

© 2015 Verlag J. Neumann-Neudamm AG, Melsungen

Verlag J. Neumann-Neudamm AG

Schwalbenweg 1

34212 Melsungen

Tel. 05661.9262-26

Fax 05661.9262-19

info@neumann-neudamm.de

www.neumann-neudamm.de

Printed in Germany

Titel: J. Neumann-Neudamm AG

Satz & Layout: J. Neumann-Neudamm AG

Herstellung: Werbedruck GmbH Horst Schreckhase, Spangenberg

Bildnachweis:

© Stefan Kolosser: Seite 34

© Illustrationen: Jennie Bödeker, die Gräphin: Seiten 4, 9, 26, 28, 39, 47-48, 51, 58-61, 67, 76, 89-90, Titelbild, Rückseite

© Illustrationen Tierspuren aus Fischer/Schumann: „Fährten, Spuren und Geläufe" von Hans-Georg Schumann: 40-41, 52-57, 62-65, 74

© Karl-Heinz Volkmar: 20-21, 37, 53-56, 63-65, 68-72, 74, 78, 80-81, 84

© Martin Otto: 68, 78-80

© Roland Zobel: 10, 25, 52

© Benia Hüne: 55, 92

Fotolia: Seiten 52, 54-56, 63-65, 74, 78, 79 © Eric Isselée; Seiten 2, 12, 13 © sbp321; Seiten 3, 12 © motorika; Seiten 3, 13 © oriori; Seite 6 © zea_lenanet; Seite 6 © Saiva_l; Seite 6 © diter; Seite 6 © goodween123; Seiten 6 © Givaga; Seiten 6 © lucadp; Seite 6 © Marina Lvova; Seite 7 © Coprid; Seite 7 © Claudio Divizia; Seite 7 © dispicture; Seite 7 © Franziska Krause; Seite 11 © drubig-photo; Seiten 12, 13 © Scisetti Affio; Seite 13 © gna60; Seiten 12-14 © Fotoschlick; Seite 15 © Alexander Potapov; Seite 15 © ivan kmit; Seite 14 © emer; Seite 14 © spline_x; Seite 15 © Andrey Sirotkin; Seite 15 © severga; Seite 16 © Visions-AD; Seite 18 © Pavel Lysenko; Seite 18 © Michael Tieck; Seite 18 © Carola Schubbel; Seite 19 © dextorth; Seite 19 © Alekss; Seite 19 © Vika90; Seite 20 © Sondem; Seite 22 © Andy Ilmberger; Seite 24 © Kletr; Seite 24 © J.M.; Seite 24 © Argus; Seite 25 © Viktor; Seite 25 © Ipotthoff; Seite 30 © taviphoto; Seite 30 © Dimitry Vereshchagin; Seite 31 © Maslow Dimitry; Seite 32 © aboutfoto; Seite 35 © ExQuisine; Seite 37 © Teamarbeit; Seiten 42, 56, 64 byrdyak; Seite 44 © eyetronic; Seite 46 © Packelle; Seite 57 © Inna atakhova; Seite 57 © Stephan Morris; Seite 57 © Midali; Seite 57 © belizar; Seite 65 © waidmannsheil; Seite 68 © Jens Klinggiebel; Seite 68 © Karin Jähne; Seite 68 © Marek; Seite 68 © Martina Berg; Seite 68 © Riverwalker; Seite 71 © Gina Sanders; Seite 71 © Katpaws; Seite 71© dpullman; Seite 71 © yarakp; Seite 75 © zolastro; Seite 79 © dermathias2; Seite 83 © benno hansen; Seite 84 © jörn buchheim; Seite 85 © Phototrop; Seite 85 © Frank Wagner; Seite 85 © monticelllo; Seite 86 © Sandra Knopp; Seite 93 © waldra; Seite 94 © Elenea Schweitzer – Fotolia.com